AF284522

PROLOG

Wir schreiben das Jahr 2018. Jeder wird heute Rapstar - so scheint es. Doch einige ehemalige Hobbyrapper beleuchten die Schattenseiten dieser Kultur.

Früher wollten sie selbst „das schnelle Geld" machen. Heute veröffentlichen sie ihre Texte als „Beispiele für die schlimme Entwicklung der Deutschrap-Szene".

Weitere Beispiele finden sich laut ihnen vor allem unter den Releases der letzten Jahre. Neben lyrischer Schlamperei sei auf Phänomene wie Autotune, Zweckreim-Massaker, Blendertum und ähnliches zu achten.

Da die Rapper anonym bleiben möchten, habe ich mich bereit erklärt, die Veröffentlichung zu übernehmen.

Euer

MC Cruⱬhd Ice

Bibliografische Information der Deutschen Nationalbibliothek:

Die Deutsche Nationalbibliothek verzeichnet diese Publikation in der Deutschen Nationalbibliographie; detaillierte bibliografische Daten sind im Internet über http://dnb.dnb.de abrufbar.

Herstellung und Verlag:

BoD – Books on Demand, Norderstedt

ISBN 978-3-7528-9580-3

CREDITS

Credits gehen an all jene, die

- genau wissen, was in der Szene los ist und schiefläuft.

- den Blender erkennen und als solche bezeichnen

- nicht wortlos zusehen, wenn Blendertum für immer mehr junge Rapper der Weg zum schnellen Geld wird.

Ebenso gehen Credits an alle Rapper, die stabil ihren Weg gehen.

Inhaltsverzeichnis

Alte Feinde – ein Diss durch die Vergangenheit

Chorus

Alte Feinde, bitte man, was soll das denn heißen,
das heißt für mich: eine Rechnung zu begleichen,
und für den Fisch, seine Zeche zu begleichen,
ja er ist auch mit einer Zecke zu vergleichen.

Alte Feinde, bitte man, was soll das denn heißen,
das heißt für mich: eine Rechnung zu begleichen,
und für den Fisch, seine Zeche zu begleichen,
ja er ist auch mit einer Zecke zu vergleichen.

Strophe 1

Die Zeiten von damals sind schon lange vorbei,
hast du Vogel denn noch immer eine Stange ohne Ei?
Da unten wächst es eben nicht bei allen nach,
und bei dir liegt wohl lediglich dort alles brach.

Manche Menschen ändern nichts, and're ändern alles,
Du bist ein Schwerverbrecher sowie Allan Dulles,
Du mit deiner Freundin dachtest, Du wärst was pralles,
die Asi-Bezeichnung „Schnalle" war für Dich dein ein und alles.

Du brauchst keine Strafanzeige einzureichen,
Du schlauchst die Beamten mit deinem Geseiche,
mit deinem Niveau von einem Honky Tonk,
dein Spitzname, es ist nicht Monk, sondern Bonk.

Ich sag das, weil Bonk steht für Bongartkasper,
Du Spasst denkst dabei „Zonk aufm Straßenpflaster,
„ich spasst jetzt ein' Zonk auf die Straße, Basta."
So bist du und bleibst Du ein Masern-Bastard.

Strophe 2

Früher war dein Job „großer Boss an der Schule",
Heute bist Du Mob wahrscheinlich Ross für Schwule,
so eine Art Stricher, selbstverständlich nicht versichert,
klar ist's schwer, wen zu fin-den - der DICH versichert.

Warum? Weil Du ein Spacko bist,
der den ganzen Tag nur Aggro ist,
deine Wohnung ist mit Baseball-Schlägern dekoriert,
das Geschäft mit „Guan' Bay"-Vertretern, es floriert.

Du bist ein ma-teriell orientierter Spinner,
mit deinem bak-teriell infiltrierten Zimmer,
hast vom Leben höchstens minimierten Schimmer,
um dein Mini-Gehirn steht es immer schlimmer.
Du führst Dich auf wie Graf Rotz von der Backe,
dabei bist Du höchstens Graf Kotz von der Schlappe,
du hieltest meine Existenz damals für Kacke,
das spiegelt deine Existenz, dein Karma, Du Lappen.

Du hältst dich für elitär wie Goethe und wie Schiller,
doch bist selbst beim Militär nur ein öder Lückenfüller,
du leckst deinen Verehrern bis zum O die Nille,
du leckst beim Verkehr gern im Klo die Brille.

Du bist wie der April, schon zu Anfang ein Witz,
aber bist ja gechillt, mit dem Spann in deinem Ritz,
und im Kalender steht am Ende immer die Notiz:
„der Spakko, dieser Blender, trinkt gern Sliwowitz".

Deine fleißigste Seite, das ist wohl ein Witz,
deine dreisteste Seite, dass du nie real bist,
die dreißigste Seite zeigt jetzt wie's ist,
dass Du den ganzen Monat ‚n faules Drecks-Vieh bist.

deine dreistesten Seiten sind deine geistigen Pleiten,
deine fleißigsten Seiten sind deine scheißenden Geigen.
du bist nicht aus Stahl, nein, du bist nicht aus Eisen,
alles was Du kannst ist in deine Hose scheißen.

Wenn Du alleine warst, warst du ziemlich gay,
In der Gruppe warst Du stark, hey hey hey,
Weichei vom ersten Range, Weichei vom ersten Tag,
die Freundin kommt von der Stange, weil dich sonst keine mag.

Eine Frau sagt zu Dir „ich will Dich ficken",
Du Sau sagst zu ihr „ich will mich bücken",
und das tust Du auch, wie beim Pilze pflücken,
und was tust Du auch? Ihr die Milz zerdrücken.

Du bist Switch-Sadist - der gern' Maden frisst,
der ein Fist-Spast ist - der Sper-ma vermisst,
sein Sper-ma misst sowie Gentechnologen,
Du bist und bleibst einfach nur schlecht erzogen.

So, das war's, ich geh leider jetzt vom Gas,
seh Dich Sau auf der Weide - frisst dein Gras,
Dich Sau schmeißt man auch im Haus ins Glas,
denn dieses eine Sprichwort, gilt nicht für Dich, Whore.

Ja, So ist es und so bleibt es, in der Nase schneit es. PEACE!

Auftakt

Ich bin in Freiheit als Champion geboren,

wurde in Freiheit zum Champion erzogen,
noch keinesfalls - zum Champion erkoren,
nein, ich wurde kein Cruiser, ich wurde ein Loser,
doch erkannte bald: das ist nur, wenn den Scheiß zulass.

Wie ein – richtig - übel fau-ler Sack,
hab ich - die ganze Zeit – zu - Haus' verbracht,
zwar hab ich mich in der zweiten Ausbildung auf-gerafft,
und mich hingesetzt unds zur zweier Prüfung raus-geschafft,

doch mir ist heute klar - das hat nicht gereicht,
nein, ich kam nicht aus dem Teich, das Wasser war nur seicht,
und wieder verfiel ich der miesen Moral,
ließ mich zurückzieh'n in den tiefen Morast.

Ich will nicht den Ruhm, der ist mir ganz egal,
ich will nur meine Ruhe, und tret aufs Gaspedal,
Einfach frei sein von den kleinen dreisten Zecken,
die alle meinen, besser zu sein – ums verrecken,
nur frei sein von den Sorgen, und frei im Denken,
mit Kanten, schlechten und gut'n Seiten und Ecken,
wenn man's gepackt hat, ist das Leben viel besser,
denn man braucht jene dann nicht mehr zu verstecken.

Das Schild „Sozialversager" hab ich mir schon abgerissen,
trotzdem raunen sie noch, „geh die Loser-Flagge hissen",
ich lasse mir das alles jetzt nicht mehr so gefallen,
mir ist klar, dass hier Welten aufeinander prallen,

BOOM! – BOOM! – und noch mal BOOM!
Die üble Reibung verführt einige zur Übertreibung,
so knallt es hier reih' um, unveränderlich meine Neigung,
es ist glasklar: jetzt reicht' s und…
ich hole mir den Lohn für meine Leistung.

Denn heute reiß ich mir den Arsch auf,
in Studium und Arbeit, hole ich jetzt krass auf,
vielleicht klingt es primitiv, na und, Willst Beef?
Ar- beit ist Arsch- zeit, du denkst, du bist Chief?,
da liegst Du Bitch schief, du liebst dein' Shit Kies?

Aber was - hast du – dafür – gemacht
au- ßer ne gro- ße Tür- kenschlacht,
und zwar in Age of Empires Zwei – sonst noch ir-gend-was?
Eigent-lich mein-te ich: was hast du gemacht
dass du das Geld hast?
und sicher nicht: Für was hast du Spast es verprasst?

Ey, du stehst hinter mir frech an der Kasse,
und du Spast drängelst dich einfach vor,
bei Einspruch wirst du quengelig und dreist Aggro,
oder gibst mir arrogant eine sogenannte Antwort.

Alle falschen Schlampen in den Schlangen an der Kasse,
gehen sich jetzt besser schnell verstecken,
denn bei ihnen gehen die Lichter aus, und auch alle Lampen
wo ich stehe, gibt's nur klotzen, kein kleckern.

Wannabe Pimp

Strophe 1

Stehst du auf und schaust raus, da gibt es nix zu Stau'n,
du bist das Quäl- Schreckgespenst – Alptraum jedes Mädchen's,
steh ich auf und schau raus, erwartet mich nur Applaus,
da steht'n Mercedes-Benz, vor dem sich geile Ladies räkeln,

Strophe 2

Wieder ist eine Lady auf dich Fickbetrüger reingefallen,
du findest meistens sowie Freddy Krüger an ihrer Pein Gefallen,
aber dann merkt sie fix: du bist nicht der nette Typ,
doch wehrt sich nicht, sie ist nicht wirklich entführt.
Weil das junge Ding glaubt,
sie käme so schneller raus,
beschließt sie, dir dummem Lauch
zu geben, **was du brauchst**,
Dann spürst du, wie sie bei Dir saugt… raus kommt nur Staub,
Äquivalent der heißen Luft, die du permanent verbreitest, uh-uh!

Zwischenskit: „Dumm dumm dumm, Junge… hättest du mal
lieber nicht so viel heiße Luft verbreitet."

… Betont skandieren.

Strophe 3

Wieder mal hast du mit Drogen das Dessert verlängert,
und dir ist egal, ob du dein Teen- Date jetzt schwängerst,
es sei denn, sie würd's dir mit dem Mund im Steh' n besorgen,
in keinem Fall wirst du dich um ihr Ergehen sorgen.
Du hast sie mit falschen Versprechen auf dein Bett gelockt,
dass sie sich ohne blankes Entsetzen auf dein Becken hockt,
sie wird kein Spaß haben, doch aus Spaß von dir weggeboxt,
doch wenn ich sie kenne, "was dann?"
wirst Du Spast von *mir* weggeboxt.

Ey, du durchquerst als Erster ohne Fahrzeug die ganze Biosphere,
angetrieben vom Boxschlag und ausgehend von der Hydrosphere,
fliegst dann Zickzack-Formen durch die ganze Atmosphäre,
gefrierst zunächst Han-Solo- mäßig in der Troposphäre,
taust dann erstmal beinahe komplett auf in der Stratosphäre,
schießt wie ne Rakete hoch, kratzt an der Ionosphäre,
wirst heiß in dieser Thermosphere,
willst wieder in die Mesosphäre,
doch verglühst du auf dem Weg
und deine Asche verlässt die Exosphäre.

Strophe 4

Ich bin kein krasser Pimp, aber ich gebe es auch nicht vor,
schließlich hat ein Ackerrind mehr Ehre, als du Horst,
denn du hingegen bist der typische Wannabe- Pimp,
du Lumpenwesen bist auch lyrisch das Onanier- Kind,
Einen Schläger wie dich, woll' n sehr heiße Feger nicht,
wenn sie mit etwas Hirn, Stolz und Ehre reich gesegnet sind,
eine echte Lady verkauft sich nicht, du Onanier- Kind,
also ist ihr Lebenstraum bestimmt kein Wannabe- Pimp.

Schau, wenn du wirklich der Wichtigste bist,
warum nennen Leute dich ein winziges Licht,
ja - es sind jene mit Wort von Gewicht,
die beschreiben Dich klar als pimpfigen Wicht,
okay, so einer bist du auch, man sieht's am Gesicht,
doch ohne Fleischkonsum am Rande der Gicht?
Klar gibt es viele clevere mit Adipositas,
doch zu denen zählst du Prolldepp definitiv nicht.

[Zwischen-Skit]
„Wer nimmt dich ernst, wenn du nicht lernst,
dass VIP mehr als nur ein Titel ist."

Du chillst im VIP, doch bist ein Wannabe,
du verlierst leider oft deinen Kopf sowie Voodoopuppen,
an denen eiskalt Guilleautine verübt wurde,
und erzählt dir ein Araber Fakten über Arafat,
glaub nicht, es wär ein Täuscher. Der kommt nicht aus
Deutschland, na und? Men- schen- kennt- nis hilft immer weiter,
zwischen wahr und falsch glasklar zu unterscheiden.

Lass deine Kohle nicht verglühen, wenn Barladies sich bemühen,
für Nachschub zu sorgen, und dazu noch Charme versprühen.
Du bist nur ein Noob: disst ein paar Chicks im Five Star VIP,
dabei setztest du letztens wenig elegant,
selbst deinen Vodka mit Teelicht in Brand,
tanztest dann mit dem Finger
um des Flammenkranzes Schimmer.
(Moment! Noch mal: wer ist hier der Spinner?)

Als ob du damit nicht schon der Hammer warst,
fragst du die Bedienung direkt danach,
"Warum sind hier drinnen Kameras?"

Zeit

Strophe 1

Zeit – ist eine Wahrnehmungsfrage,
die Messung unvergleich mit jener der Waage,
denn hast du keine Arbeit – gehst du zur ARGE,
und auf Sorgenlosigkeit – musst du dann warten,
doch besitzt Du ein Grundstück mit Haus und Garten,
bist gesund und munter, kannst ein wenig sparen,
geht es rasant – und du wirst dich fragen,
„wo sind sie hin, all die schönen Jahre".

Chorus

Hast Du Fun, ist das Leben nicht lang,
doch kommt die Angst, rieselt langsam der Sand;
kommt die Angst, rieselt langsam der Sand,
doch hast du Fun, ist das Leben nicht lang.

Strophe 2

Das Paradoxon nicht nur unserer Zeit,
jenes macht es so schlimm, wenn du innerlich schreist,
das Leid ist nicht die Verzweiflung allein,
und dagegen hilft auch kein Heiligenschein,
doch vielleicht ist hier vielmehr der Punkt,
mit Gewohnheiten zu brechen und zwar ganz bewusst,
sie sind wie Schienen, die wir ständig (be)fahren,
nicht selten wegen ihnen sind wir außer Atem.

Wannabe Pimp #2

Bei Heimarbeiten packst du an,
machst einfach ein' auf Macho- Mann:
„Hübsche Bitch! – Hol mir einen Elefantenfuß,
ach warte, ich besteige einfach deinen Elefantenfuß",
und deine Modelfreundin geht freiwillig in die Wüste,
noch nie – war sie – so heißblütig und wütend,
und du kannst es nicht verhindern, wolltest auch nie verhüten,
nanntest sie „auf grüner Weise die schönste Blüte".

Gabst Dir Mühe, ein Paket von Lügen zu schnüren,
doch jetzt weiß sie Bescheid: du bist ein übler Betrüger,
die Zunge ist dir beim falschen Schleimen ausgerutscht,
und sie wunderte sich, wie du ohne Seifenlauge putzt,
jetzt trifft sie die Erkenntnis voller unbändigem Ekel,
kaum ist sie bei ihrer Freundin, muss sie sich übergeben,
du schickst ihr eine SMS „du wirst es überleben",
doch werden deine Aussichten von jetzt an trüber werden,
wirst Schwierigkeiten haben, eine Frau zu überreden,
denn wie die Ladies sind, werden sie alle drüber reden.

Bald machst du mit Speaker- Applaus,
deine eigene Shishabar auf,
und dort heißt Wasserme- lonen-Tabak
„krasser Mill- ionen- Tabak",
und dann wunderst du dich noch, was deine Gäste so abfuckt,
wo doch der ganze Tabak schmeckte wie Abfall,
dein Konzept kriegt keinen Beifall,
denn dein Einfall war ein Reinfall,
sowas erleben sonst nur Wagemutige
auf ner stürmischen Rheinfahrt.

Kursiv: (hier:) irrational-aggressiv (Shigger-Effekt)

Du und deine Homies sind Typen,
die sich wie Moralapostel aufführ'n,
wie Moralapostel aussehn,
doch extra früher für Oral-Aggro-Sex aufsteh'n.

In deiner nächsten Beziehung entpuppst
du dich als Schmetterling,
doch nicht im engeren Sinn,
deine Süße sieht im Spiegel ihr zerschmettertes Kinn,
sieht zu, wie ihr Blut kleckernd gerinnt,
doch du bist ein schwer meckernder Pimpf,
tönst rum „Check: elendes Rind",
„warum - bist du nicht - dagegen geimpft",
was wieder mal glasklar und eindeutig zeigt,
dass nur dein Sex-Instinkt dein' Lebensweg weist.

Leider ist es so: wenn du einen Club betrittst,
ertragen sämtliche Gäste deine Präsenz nur bekifft.
Du Checker eckst an, denn dein Checker-Deckman- tel
lan-det an der Gar-de-robe,
du liebst Parties nach – Art der Toten,
doch wenn du hier nicht ehrlich bleibst,
gibt's Kicks von Chicks in die Männlichkeit,
in dieser Hinsicht stehn sie gar nicht auf Scherze,
nach nur kurzer Zeit plag' n dich Wicht Bauchschmerzen,

ähnlich wie wenn du doppelt Käse nicht verträgst, ey,
denn dein Trink- Wasserkonsum
ist das Gegenteil vom starken Monsun,
da musst du einfach durch.
und ich rede nicht – vom Track der Teenieband,
auch wenn die halbe Welt schon weiß, dass du auf Teenies stehst,
und es eine Lüge wär, dass du ein Chick nicht schlägst,
wenn es nicht mit dir schläft.

18

Deine „Fick die Bitches, yo"- Tour
wird zur „Mittelfinger Hoch!"- Tour,
doch ganz anders als diese Tour von Selfmade,
denn jubelnde Fans sieht man bei dir nur selten,
alle deine Homies sitzen zu Hause, essen Nudeln,
diese Prognose kommt ganz ohne Glitzerkugeln.
Selbst jede Betrüger-Wahrsagerin,
könnte diese Fakten vorhersagen.

Du Bastard!

Leuchten (1/2- Takt- und Chorus- Track!)

Chorus

Leuchten, Leu- Leu- Leu- Leuchten,
Leuchten, Leu- Leu- Leu- Leuchten / ihr seid
Leuchten, Leu- Leu- Leu-Leuchten,
Leuchten, Leu- *……..*-Leuchten.

Strophe 1

Ihr habt die Haare geil gestylt - eure Augen glänzen,
und der Schein, der aus ihnen strahlt - reflektiert an tausend
Wänden,
Ja – soweit strahlt ihr Leuchten,
man kann das ganze Land erleuchten,
mit der Energie – die sich in euch verbirgt,
ihr spürt, sie vibrier' n – wie diese Batterien,
die ihr – gerne nachts – zur Entspannung einsetzt,
denn ihr sagt, dass eine Lady damit besser einschläft.

Strophe 2

[No homo, no promo, no yolo, no swag]
Egal, welche Farbe eure Klei- dung hat,
bei euch leuchten gleichermaßen weiß und schwarz,
und natürlich auch jeder and' re Farbkontrast.
Die Wärme eures Blicks – macht jeden Typ verrückt,
und selbst wenn ihr euch bückt, gibt's nichts, was er vermisst,
Denn ihr strahlt aus allen Rundungen,
wie ne Discokugel rundum glänzt.

Ich beschreibe die die chilligen Chicks mit dem physischen Drill,
sie werden in Gyms richtig fit, leuchten für die Kids wie 'n Blitz,
mit oder ohne Bling, Superstars sind diese Chicks – immerhin.

Stadion – Scheinwerfer – Flutlicht,
Laternen, Glaskuppeln bieten Durchsicht,
Sonne – Mond – Sterne,
Leucht- türme, leuchtende Türme, glühende Würmer,
Blinker-Augen – es ist kaum zu glauben.
L.E.D., R.G.B., Licht reflek- tiert im Schnee.

PhreaK BozzzZ

Chorus

Wer bin ich, dieser PhreaK - BozzzZ,
BozzzZ mit vier- Z,

PhreaK plus BozzzZ, PhreaK minus BozzzZ,
PhreaK mal BozzzZ, PhreaK durch BozzzZ,
PhreaK hoch BozzzZ, PhreaK wurzel BozzzZ,
- der Wurzel BozzzZ.

** „BozzzZ" *aggressiv* sprechen

Strophe 1

Es gibt - kaum ein Thema, das er nicht streift,
es gibt - kaum ein Schema, das er nicht strikt,
und er kommt definitiv – aus einer Zeit,
wo Menschen selten Grenzen kennen.
und auch wenn die ganze Welt von mir denkt, ich sei Versager,
mach ich dennoch aus dem Rap – Shit - hier eine Saga,

Er scheut sich nicht vor verbaler Kritik gegenüber bislang
tabuisierten Gremien – Regierungen – Geheimdiensten, wem
auch immer,
der PhreaK verbreitet recht harte Kritik an Machthabern,
die ihre Mitarbeiter behandeln wie Kriecher-Bastarde,
denn jene Machthaber sind selbst Bastarde,
Bastarde aus Leidenschaft, nicht von Geburt,
diese Unterscheidung - ist schon jetzt durch,
denn sonst pappt man mir – garantiert –
‚n Hakenkreuz auf diese kahle Stirn,
vor meinem eindeutig liberalen Hirn.

Strophe 2

Suchst Du den Kampf mit den ganz dicken Trucks,
musst du sichergehen, dass deine Strategie auch passt,
ist das auch durchdacht, hast die Fallen ausgemacht,
oder wirst du schon nach einem Satz von allen ausgelacht?
Man kann seit Jahren beobachten, wie es so geht,
Rede klar und direkt, eindeutig und konkret,
und auf keinen Fall auch nur ein bisschen missverständlich,
sonst brandmarkt man dich als „Establishments- Schädling",

Doch das geschieht nur in stillem Einvernehmen,
offen sagen? Dieses Risiko wird keiner auf sich nehmen.
für die Öffentlichkeit, bist du dann ein echter Spinner,
in harten Fällen ein Rechtsgesinnter', ja, so geht es immer,
und den V.theoretikern fehlt jeder Schimmer,
sind wirklichkeitsfremd wie Ladies, die sich zu dick schminken.
Natürlich gibt es keine - perfekte Strategie,
doch auch aus Fehlern anderer zu lernen schadet nie.

Flashbanger I (Smoker's und Jimmy'Z)

Chorus

Flash-Banger shishen immer wieder,
denn wir fliegen mit der Shisha,
lieben dieses Feeling, zum abchillen am Weekend,
kriegen viele Flüge, mit den Shishen, die wir ziehen

Strophe 1

Der Schlüssel zum überchilligen Wochenausklang, ist Smokefaß,
Viel besser als die hyperbilligen Knock' em Out-Clubs
Mit Goldpass

Man wird hier top bedient, also ist Trinkgeld wohlverdient,
es ist arabisches Blut, es ist albanisches Blut,
ihre Mentalität ist schlichtweg einfach anders,
und Leben mit Qualität mit ihnen eingewandert.
Echte Lebensqualität bemisst sich nicht nur in Geld,
sondern vor allem daran, dass einem Leben gut gefällt,
und diese Menschen strahlen Lebensfreude aus,
unterdessen geht Einheimischen die Lebensfreude aus.

Strophe 2

Ich zieh nach Flash-Banger-Brauch
den Blueberry-Rauch durch den Eis-Shisha-Schlauch,
willst du hier mehr Kohle, brauchst du nicht mehr Kohle,
hier kann sich also auch deine Geldbörse erholen.
Dies ist ein Haus der offenen Türen,
und kein Raum besoffener Würstchen,
die ihren Rausch mit Boxkämpfen küren,
denn das würde ihren Aufenthalt konkret verkürzen.

Es gibt hier über dreihundert Tabak-Sorten,
bist du Shisha- Newbee, probier sie alle durch,
und spür wie du chillig fliegst an über dreihundert Orten,

aus dieser Bar wirst du nicht rückwärts wieder raustaumeln,
wegen schlechter Lüftung oder Entrüstung,
weil dich wer dumm anmacht,
hier gibt es keine Schlammschlacht,
denn wer hier Stress macht, kriegt Beef,
unter anderem mit der Chief Commanderin,
sie schickt dich auf die Street,
mit dem Hinweis: bring den Beef woanders hin.

Strophe 3

Es war Juni Zwanzigvierzehn, nenn es groovy Zwanzigvierzehn,
Jimmy'Z Re-Opening, der Club im Viertel, dope und bling,
Der ganze Laden erstrahlt in königlichem Glanze,
und im Logo ranken sich um die Krone Pflanzen,
es ist wie Ying-Yang,
mit einer lauwarmen Lichtreihe über der Hauptbar-Tisch-Seite,
und einer blaukalten Lichtseite über der couch-artigen Sitzreihe.

Nachts gibt es Discobeleuchtung in RGB und Kerzenschein,

Lichter fliegen durch den Raum, werfen hypnotische Kreise und
andere Figuren an die Wand,

Strophe 4

Ja, im Betrieb sind jetzt zwei Shisha-Bars,
die Besitzer geben Gas anstatt auf,
und baut ausgehend vom Stammlokal eine Kette auf,
wie Edelsteinsammler aus edlen Feindiamanten,

Menschen aller Länder chillen in der ersten Bar,
manche wollen Shisha, and're Bier mit Gerstenmalz,
spür den verabsentierten Stress im Mundsonatenpark,
in diesem Chillpalast gibt es Musik für Mund und Lunge,
unabhängig vom Sitz, der Abend wird rundum gelungen,
es ist wie bei Sturmgewitter, ein Flash jagt den nächsten,
und glaub mir, Diggah Shiggah, ich bin grad nicht am scherzen,
Pfirsich Minze in der Shisha lässt die Hitze fix zerbersten.

SPECIALIS REVELIO

Krieg (Kopfkino-Film) // 40B - 83 BPM

Intro

Normale Sprache: „Der folgende Text ist die Wiedergabe eines Kopfkino-Films, dessen Ursachen jedoch wahre Begebenheiten sind. Es gab und gibt in keinster Weise Pläne zur Umsetzung eines oder mehrerer der geschilderten Vorgänge und dies wird es auch nicht geben.

Wer Schwierigkeiten hat, Realität von fiktiver Erzählung zu unterscheiden oder weiß, dass er oder sie für Inspiration durch den Konsum von textlich dargestellten Gewaltinhalten anfällig ist, sollte das Hören des folgenden Textes unterlassen."

Chorus (x2)

Wir woll-ten Frie-den, doch ihr wollt den Krieg, denn:
ihr seid stolze Zie-gen, die gern Wolken schie-ben,
dunkel und bedrohlich sowie Tolkien's Riesen,
ihr seht, wie euch Wort-MGs jetzt voll beschießen.

Strophe 1 (Allgemein)

Ich zerfetze - voller - lyrischer Wut,
diese Fresse - von der - niederen Brut,
wie Exzesse - x-be - liebiger Noobs,
die Gesetze – global - irdischen Tuns.

Sie feiern sich mit Sekt im Sextett,
bleiben auch beim Sex im Sextett,
leider ist es wie ne Sekte,
sie treiben es zu sechst im Sexbett.

Das Gestell hat extrem gescheppert,
überall glänzt Sekret, s'is echt nass,
mit Gebell kommt M.T. und leckts ab,
ich schnapp schnell ein MG und Peng-Zack,

kämpft die Eckwand - gegen den Drecksack,
der gehört jetzt klar zum elenden Dreckspack,
freute sich extra über seinen Sex-Club,
war immer letzter, und sowieso echt krank.

Du hast keine Chance, du kleiner Bonze
Du machst voll auf krass wie einer aus der Bronx, hä?,
tu was, Vollspast - ich denk, du schreist nach Bronze,
nach Silber und Gold,
was anderes hast Du arroganter Schmog nie gewollt.
Du fühlst Dich wie – ey, der höchste Boss,
doch bist in Wahrheit nur der größte Schmog,
derjenige, der in die voll'n Regale kotzt,
die Läden füllt mit unkollegialem Rotz.
Killer brauchen wie Violinschlüssel-Fetischisten
die rechte Seite vom Klavier,
und wenn das nicht klappt, wirst du kleiner Spast
- schlicht und einfach bombardiert.
Dein Job wird Dir miesem Kack-Loser abgenommen
- sowie Hinterbliebenen testweise Blut.
Dein Kopf wird Dir mit der Basuka abgeschossen
- sowie mit übertriebenem Jacky-Konsum,

Oder du wirst abgestochen
sowie die Arbeitszeiten in modernen Unternehmen,
den Berg hinabgeworfen
sowie Absteigseile, und im Meer dann untergehen,
und die ganzen gequälten beschämten Seelen
sind dir nie mehr untergeben,
wenn Du ein Glückspilz bist,
dann vergessen sie es wieder und vergeben.

Wenn nicht, dann nicht: du bist eine Bitch.

Strophe 3 (Handy & GO)

Wenn ihr mich aufgrund von Dumpfbacken rausschmeißt,
ehre ich endlich meinen Schusswaffen-Ausweis,
und dass der nur Besitz von Luftwaffen ausweist,
gibt euch keine Sicherheit, dass ich nicht drauf scheiß.
Macht keinen Aufstand, weil ihr sonst grün und blau seid,
nehmt euch lieber bald im Ausland ne lange Auszeit,
in eurem ganzen Leben fehl'n Beweise für Schlauheit,
und guckt mal in den Spiegel, wie scheiße ihr drauf seid.

Ich mache zwei von euch Bastarden - leichter zu Kastraten,
als Weiber im Knast warten, auf Freigang im Knast-Garten,
ihr seid die, die nie krass waren, mit Eifer im Saftladen,
auf den Angriff mit Hass-Atem reagier' ich mit Lachgasen,
und zwar gerne und im Gegensatz zu Helium, Radon, Argon,
du Lagerpapst siehst Schnitten und denkst gleich an Sadomaso.

während – fürsorgliche - Mütter die Brandecken
beim Babybrei-Püree minimieren,
werde - ich hingegen - bittere Schandflecken
des Adult-Bereiches eliminieren.

30

Strophe 4 (Asi-Kühe)

Psychoterror - das einzige Hobby
der asozialen Missgeburten,
siehst du: Error, die peinliche Lobby
der anomalen Stricher-Huren
liebt pur's Hero: das schleimige Fotzvieh
streckts all'n lokalen Fixerstuben,
kriecht durchs Erdrohr - wie eifrige Motten,
die rastlos nach Gerichten suchen.

Hört man - von diesen Einzellern nur
„Ey! - Wir machen dich kal!t",
antwortet man: „mit dieser Einstellung,
Hur'n - werdet ihr Spacken nicht alt"
Ihr solltet es bloß lassen, solltet bloß aufpassen,
dass ihr Trottelfotzen keine Prüfung kriegt,
vom Lockenkopf mit seinem Psycho-Blick.

Tut euch einen Gefallen: nennt euch nicht Sniper-Weiber,
denn sonst müsste ich den kleinen See sogleich erweitern,
damit ihr dreisten Schweine, da auch so einfach reinpasst.

Es ist vorbei, ja, ihr habts geschafft,
doch wir hatten sechs bis acht glor-rei-che Wochen
und ihr habt bis heute nachts flo-reiches Kochen.

Du hast nur so wenige Tassen im Schrank,
dass sie weltweit unter Artenschutz stehen,
sowie Befürworter ekliger Kassen am Band,
die selbst kein Geld bezahl'n und nehmen,
den Angestellten die Chance zu denken,
nein, die sollen nur Ware ziehen mit den Händen,
bisschen tipp-tipp, bisschen bling-bling,
Japaner wissen: Automatenkassen sind King.

Du Pimpf-Chef kriegst keine Fres-sen-po-li-tur,
doch dein Verhalten ist trotz dessen so nicht cool,
du wirst *nicht* bluten wie'n abgestochenes Schwein,
bald wirst du Noob in Dummheit abgesoffen sein.

Denn du bist ein Ebenbild eines geisteskranken Tricksers,
weil Du verirrte Kinder weiterleitest an den Fixxer,
sodass zahlreiche Menschen nach Dienstschluss flüstern:
„Endlich wieder leben ohne Schweißgestank des Mistkerls."

Du gräbst deinen ganzen Garten um, musst dann Wurzeln zieh'n,
sowie es manche Webseiten bei Stalking- Bußgeld seh'n,
Du Sau gehörst zu jenen, die sich grundlos als Kings bezeichnen,
und aufgrund dessen ist dein Mund groß wie'n King Size Bett,

Strophe 6 (SK)

Ey du Knilchpfeife besuchst Milfseiten
und duschst mit Billig-Milchseife,
denn du willst dir Hur' leider nichts leisten,
und du stinkst wie Restmüll-Eimer.
Du sagst mir als Infoquelle nur Gerüchte nach,
Doch. Ich. Weiß: es ist echt wahr,
demnach liebst du Filzkleider, züchtest Fußpilzkeime,
verbreitest sie mit Eifer an fremde Kinder,
denn du haßt sie alle, nur nicht deine.

Du hattest Mut, lachtest nur, dachtest nun:
„Die Spastenbrut hat es gut, labert nur,
ich kann es tun", dann trankest du Drachenblut,
dann schlachtest du krass ne Kuh, aber du lahmer Wurm
landest nur an der kurz'n Angelschnur.

Zum Knastbesuch, bring' ich dir Lappen nur ein Affenbuch,
im Landgericht geht deine Akte zu, was willst du?!! Das ist gut!
Was ist los? Ach nur so. Wieso hast du
dein Knast-Stuhlbein angeschwult?
und an dem Schluss sag ich nur: „Quatsch nicht, Noob.
Mach es gut. Spastenbrut?! Das bist du!!

Noch was:
Ich kenn einen Namen, Bub, nach dem Du lange suchst,
damit du krassen Ruhm rasch verbuchst,
ja, den Ruhm findest du und stehst im Guinessbuch.
Unter ‚Schlampenruf' kann die ganze Welt sich ansehn: du
hast den Sultan besuchst, dann nachts geduscht,
und schließlich heimlich nackt seine Tante als Tunte beschwult."

Lack im Schuh? Drachenblut, das bist Du, lass es zu, Massenwut,
Lampenglut, ganze Kuh, Katze ruht, abgebucht, Dampferbug,
(der) Anker schlug, Kassensturz,
(…)
maximal asozial,
die / wie Gazelle, die / wie Gazette, Zigarette, Minarette,
Zitadelle, Frikadelle, (Mietwagnstelle,)
die Knastzelle
(…)
Es wird Zeit, dass du es endlich einsiehst:
du Bonzenbraut bist auch nur Kleinvieh,
und egal, wie viel Shit du dir reinziehst:
die Lanze deines Mannes bleibt' n Eisstil,
der abbricht, wenn der Sommer anbricht,
und nachwächst, wenn der Winter ansteht.

Strophe 7 (Alle)

Ey Bitch jetzt, eure Geschichte - ist so dumm gestrickt,
dass ihr megakrass abkackt, wenn nur eine dieser Kugeln trifft,
schwimmt mit dem Strom, guckt dumm, wenn das Ruder knickt.
und der Black Ops Commander grünes Licht den Shootern gibt.

Ihr seid lästernde Blagen, kriegt die Fresse zerschlagen,
wie könnt ihr mit euern gras- grünen Ohren es wagen,
behinderte Gerüchte in diese Welt zu tragen,
ey, ihr plant, eure Autos zu Schrott zu fahren.

Als euer Boss die Regeln beim Wehrdienst
sowie eine Wärter-Fresse mit dem Schwert verletzte,
sagte sein Vorgesetzter, es wäre besser, Sie gehen erst als Letztes.

Wie isses jetzt? Ich seh's aus'm Fenster:
die Affen kotzen ihre Apfelgrotzen auf die ganzen Fotzen,
und ausserdem: Idioten mit den Waffen protzen und euch
Schlampen motzen.

Dein Freund ist bereits infiziert
durch deinen Psycho-Asi-Kuss,
jedes Tier schreit vor Leid,
das mit dir miesem Psycho Gassi muss.

Du bist das seelische Äquivalent
eines Bazillus Maximus,
weshalb man Dich Schnepfentalent
in die krasse Puff-Klappse schubst.

Wenn man dich dort irgendwann wegen Irrtümern entlässt,
du im neuen Job vor Wut drei Geschirrtücher zerfetzt,
die Umgebung durch Ausbrüche deiner Irr-Psyche entsetzt,
gehst du wieder in die Klapse - ein *verdienter* Arrest.

Bei jedem Ausbruchsversuch läutet unmittelbar und direkt –
der Seuchenalarm. *Wie korrekt!*,
als deiner Drecks-Taten einziger Zeuge ankam,
war der Wagen eine schwer gepanzerte Corvette.

Währenddessen sagt ein altgedienter Polizist
zum Feuerwehrmann,
„Solchen Alarm hatten wir zuletzt,
als der Asiate mit neun Dolchen ankam."
Du kriegst einen fetten Schmetterschlag,
schütz deine Fresse besser mal,
mein neues Auto ist aus bestem Stahl,
du klaust Schweine von des Metzger's Mahl,
und zahlst deine Teilchen beim Bäcker bar.

Strophe 9 (Bastard Calling SlutCunt)

Du hast dich auf eine abscheuliche Ebene begeben,
die selbst Leute mit Teufelskreuz nicht im Leben erstreben,
hast Dich Knast-Ische mit bläulichem Nebel umgeben,
wenn du nicht aufpasst, kommst du räudiges Ekel ums Leben.

Der missgeborene Arsch mit Ohren dient dem Satan jetzt!

[aggressiv]
Dann brennt die Leviathan-Arschmade
sowie Verräter in Taklamakan bei Gradzahlen,
bei denen ambitionierte Ärchäologen glasklar sagen:
da würden Drachen mit Spaß baden,
oder du fliegst wie im Gebiet des Balkan, von dei'm Loft-Balkon,
oder wie überschüssiger Ballast aus'm Heißluft-Ballon.

Strophe 10 (SD)

Die verfickte Terrorschlampe Nummer Eins
besitzt ne Speckrohrwampe und bescheißt…
„Wen?"
Jeden, den sie trifft!
Jeden, den es gibt!
Jeden auf der Welt - der dieser Bitch widerspricht!

Lieber solltest Du schnell deinen großen Mund verschließen,
oder willst du, dass Kugeln deinen Hosen-Bund zerschießen,
danach siehst du Blut aus einer großen Wunde fließen,
Kek, du willst mit deinem Kinder-Bogen uns erschießen?!?!?!

Epilog

Da der Mensch nur eine begrenzte Menge an Horroreffekten ertragen kann, endet das Buch an dieser Stelle.

Interessierte finden jedoch in Hülle und Fülle weitere Beispiele in der bekannten Rapszene.

Euer

MC Crushd Ice